AF248303

RECHERCHES

SUR

LES MOYENS DE PRÉSERVER LA FRANCE

DES

GUERRES CIVILES.

N° 3.

DE L'IMPRIMERIE DE CRAPELET,

RUE DE VAUGIRARD, N° 9.

RECHERCHES

SUR

LES MOYENS DE PRÉSERVER LA FRANCE

DES

GUERRES CIVILES,

PAR **H. VIARD**, CHEF DE BATAILLON DU GÉNIE.

N° 3.

NÉCESSITÉ D'UNE INSTITUTION SPÉCIALEMENT CHARGÉE
D'ENSEIGNER AU PEUPLE FRANÇAIS L'HISTOIRE
DU CHRISTIANISME.

De bons prêtres et de bons pasteurs, tenant à la
main le flambeau des Écritures, voilà ce qu'il faut
à la France.

A PARIS,

CHEZ **TREUTTEL** ET **WÜRTZ**, LIBRAIRES,

RUE DE LILLE, N° 17;

A STRASBOURG, même Raison de Commerce, Grand' Rue, n° 15.

1840.

A MESSIEURS

LES MEMBRES DE LA CHAMBRE DES DÉPUTÉS.

LE CHEF DE BATAILLON DU GÉNIE, H. VIARD, CHEF DU GÉNIE
A L'ÎLE D'AIX.

MESSIEURS,

L'indifférence religieuse qui continue de régner en France, malgré les soins du clergé et du ministère de l'instruction publique, et la nécessité urgente, pour une nation libre, de connaître l'histoire et les lois du christianisme, semblent rendre nécessaire une institution nouvelle, qui, s'abstenant avec scrupule de discuter les dogmes religieux, fasse connaître cependant à toute la France le tableau des preuves qui établissent l'évidence du christianisme.

Après avoir étudié plusieurs années les moyens de préserver la France des guerres civiles, je suis arrivé à des conclusions simples, que j'ai l'hon-

neur, Messieurs, de soumettre à votre examen. Elles donnent lieu à un projet pour lequel je réclame votre puissante intervention. Je ne me présente point ici comme un novateur; je ne dis rien qui ne soit conforme à l'opinion de Montesquieu et de la plupart des publicistes qui dirigent aujourd'hui les ressorts administratifs des nations libres. Ces hommes d'État ont reconnu l'impérieuse nécessité de graver dans les cœurs des hommes libres les principes savants de la législation chrétienne, et leurs efforts, pour atteindre ce but important, sont exprimés d'une manière énergique par le silence de leurs grandes villes aux heures des solennités religieuses.

D'accord avec toutes ces opinions, j'ai l'honneur de vous demander, pour les intérêts de notre liberté naissante, une école nouvelle spécialement destinée à former des professeurs qui enseigneront l'histoire du christianisme, d'abord dans nos armées de terre et de mer, où ils auront des grades proportionnés à l'importance de leurs fonctions, et ensuite dans toutes celles de nos familles françaises qui sont aujourd'hui cour-

bées sous le joug du scepticisme et de l'indifférence religieuse.

L'école nouvelle, en laissant au clergé catholique et au ministère protestant le soin exclusif
d'enseigner la théologie et d'interpréter les dogmes
précieux et vivifiants de la religion chrétienne,
ne se bornera pas à enseigner seulement l'histoire du christianisme; elle en exposera aussi les
richesses législatives, et cherchera des moyens
ingénieux de faire parvenir jusqu'aux plus faibles intelligences, qui ont souvent une grande
influence dans les perturbations civiles, ce que
Montesquieu, après vingt ans de méditations, a
exprimé en ces termes dans L'Esprit des lois en
parlant des véritables chrétiens .

« Plus ils croiraient devoir à la religion, plus
« ils penseraient devoir à la patrie : les principes
« du christianisme, bien gravés dans le cœur,
« seraient infiniment plus forts que ce faux hon-
« neur des monarchies, ces vertus humaines des
« républiques et cette crainte servile des États
« despotiques. »

Cette puissance du christianisme, que Montesquieu ne montre qu'en partie, cette abon-

dance de trésors qu'il renferme pour la prospérité temporelle des sociétés, cette vertu qu'il a lui seul de prévenir les calamités d'une guerre civile en étouffant dans les cœurs l'esprit de vengeance, cet ordre impératif qu'il donne à chacun des membres du corps social de déployer tous ses moyens pour servir sa patrie; ce mot de patrie qu'il étend à l'humanité tout entière, de manière à prévenir toutes les guerres inutiles entre les peuples; cette affection qu'il développe dans les cœurs et qu'il dirige particulièrement vers les malheureux, les malades, les captifs et les affligés; ces combats continuels qu'il ordonne de livrer à l'esprit de mensonge, de larcin, de meurtre, d'intempérance, de débauche et d'égoïsme; le soin minutieux qu'il prend d'entretenir la concorde par l'humilité et par l'esprit de bienfaisance; le luxe, cette plaie que lui seul guérit en ordonnant de porter les superfluités sous le toit de l'indigence et du malheur; tous ces préceptes savants dont je n'expose ici qu'une faible partie, sont évidemment les seuls fondements solides des institutions libres, surtout pour les nations très-populeuses.

(5)

D'après ces considérations sommaires dont le développement se refuse à la brièveté d'une lettre, mais que j'ai cru devoir étendre dans quelques feuilles imprimées, je pense, Messieurs, qu'une corporation distinguée, nombreuse, et choisie dans les sommités intellectuelles de la France, est aujourd'hui nécessaire, je dirai même indispensable pour développer l'instruction nationale sur la partie législative et historique du christianisme. Il semble d'abord impraticable de mettre à la portée des hommes sans instruction les sciences abstraites et compliquées du Gouvernement; mais, par un bienfait que l'on devait attendre du Créateur, ces lois suprêmes sont marquées d'un cachet de simplicité qui en révèle toute la grandeur et la céleste origine; elles peuvent, en rayonnant leur chaleur et leur lumière, rencontrer d'épais nuages d'erreurs philosophiques, des systèmes bizarres nés de la faiblesse intellectuelle de l'homme; mais ces nuages une fois dissipés, elles brillent comme le soleil et fécondent la terre.

Au nombre des avantages que cette institution me paraît présenter, sera celui d'employer très-

utilement pour leur patrie et pour eux-mêmes plusieurs milliers de jeunes gens instruits, aujourd'hui désœuvrés, et qui, par cela seul, se trouvent dans une position dangereuse. Quelques mois d'étude les mettront à même de subir les examens qui devront les classer d'une manière honorable dans les services publics.

J'ai l'honneur d'être avec un profond respect,

Messieurs,

Votre très-humble et très-obéissant serviteur,

H. VIARD,
Chef de bataillon du génie.

Île d'Aix, le 29 janvier 1840.

NÉCESSITÉ

D'UNE INSTITUTION

SPÉCIALEMENT CHARGÉE D'ENSEIGNER AU PEUPLE
FRANÇAIS L'HISTOIRE DU CHRISTIANISME.

Si le projet que nous prenons la liberté de soumettre aux lumières législatives de la France pouvait heurter les opinions religieuses d'une seule communion chrétienne ou alarmer la conscience d'un seul fidèle ; si l'institution que l'on demande devait s'immiscer dans la discussion des dogmes précieux du christianisme et usurper ainsi le droit qui n'appartient qu'aux ministres de la religion, elle porterait des éléments de troubles civils qui la rendraient plus que jamais inopportune en France, et nous aurions cru, avant de la proposer, devoir essayer d'en disposer les éléments d'une autre manière.

Mais, si au lieu de porter la désunion dans les esprits et dans les cœurs, l'école normale, que l'on demande pour la conservation de notre liberté constitutionnelle, ranime à la fois toutes les communions chrétiennes sans les changer ; si elle dissipe les nuages que l'idéologie a si péniblement amassés entre le soleil du christianisme et les familles françaises ; si elle conseille à toutes ces familles de rester attachées aux communions qui leur sont chères, il semble que loin de nuire à l'Église romaine, cette institution vient à son secours. Elle ne dira point à ces familles : « Passez d'une Église « à une autre ; » mais elle leur dira : « Ayez « une Église, car vous n'en avez aucune ; « resserrez les liens qui vous attachent à « la communion de vos parents. Réflé- « chissez sur vos devoirs envers la puis- « sance intelligente qui a créé votre intel- « ligence ; ces études nouvelles vous sont « commandées au nom de la patrie ; de « cette patrie qui a tant souffert, et qui, « après de généreux sacrifices, a conquis « enfin la liberté. Lisez les documents que

« vous ont laissés de généreux instituteurs
« que les dangers, que les souffrances n'ont
« point arrêtés dans leurs nobles travaux ;
« ils vous ont ouvert la barrière du chris-
« tianisme; la plupart ont terminé leur
« vie laborieuse par une mort cruelle :
« vous trouverez dans leurs écrits tous les
« éléments de la prospérité future de la
« France; cette étude va former un seul
« corps des membres épars de notre fa-
« mille française; elle va réunir ces esprits
« généreux que l'étourderie seule a disper-
« sés. Vous verrez sortir de ces instructions
« simples et fécondes l'unité des doctrines
« politiques et administratives, la sûreté
« des transactions, la prospérité du com-
« merce, l'activité des travaux publics, en
« un mot tous les biens temporels : ces
« livres ouvriront dans vos cœurs de nou-
« velles espérances, ils étaleront de nou-
« veaux trésors sous vos yeux étonnés, et
« retireront enfin la France de ce marasme
« porteur de la guerre civile, qui fatigue
« sa liberté naissante. »

En considérant l'état actuel de la religion en France et le nombre innombrable de nos sceptiques, on se demande comment il faut s'y prendre pour terrasser enfin cet esprit d'erreur, qui, jusqu'à présent invincible, dresse si audacieusement sa tête légère au milieu de nos écoles, de nos autorités administratives les plus élevées et même de nos académies, qui, empruntant quelquefois les dehors les plus séduisants, les arguments les plus frivoles, les plus captieux, se montre tantôt spirituel, tantôt riche de qualités brillantes et de dévouement à la patrie, tantôt fécond en ressources, entreprenant et audacieux, fier de ses arguments puérils et plein de confiance dans l'infaillibilité de ses jugements.

La France seule, parmi les nations libres, offre le singulier spectacle d'une armée d'esprits forts qui mettent au nombre des fables grossières les récompenses et les châtiments d'une seconde vie, et qui, délivrant ainsi l'homme de toute crainte importune, professent directement et sans le savoir le meurtre, la désobéissance aux lois et tous les crimes enfants de l'athéisme. Elle seule, parmi les nations civilisées, voit, au milieu d'une paix profonde, des idéologues qui, renonçant à l'esprit chevaleresque de leurs aïeux, adoptent l'ignoble couteau ultramontain pour renverser tout ce qui met obstacle à leur égoïsme, et qui, avouant effrontément leur ingratitude envers les institutions qui les protégent, envers ces belles institutions qui ont été conquises aux applaudissements de leurs ennemis mêmes, trament dans l'ombre le dessein criminel de livrer cette liberté qui les honore aux gueules béantes de l'anarchie, c'est-à-dire à un despotisme multiple et aveugle, qui dévore indistinctement les familles de tous les partis.

Si tous les moyens qui ont été essayés jusqu'à ce jour pour mettre le christianisme en lumière ont été sans résultat, il importe d'examiner comment, à l'époque où nous vivons, cet objet important doit être présenté à nos fidèles sceptiques, en prenant pour point de départ l'état actuel de nos mœurs, de nos préjugés, de nos

préventions religieuses et de notre étourderie. On ne parle point ici d'ébranler les
institutions ecclésiastiques; plus que jamais
elles sont aujourd'hui nécessaires; mais on
leur demande une concession qu'elles ne
peuvent refuser plus longtemps à la France
sans lui faire courir le danger d'une con-
flagration générale; on veut parler ici de
la permission de lire dans les familles la
traduction adoptée par la communion romaine de l'Ancien et du Nouveau Testament; cette concession, si elle était plus
longtemps refusée aux familles par les
évêques, prolongerait l'état de scepticisme
religieux dont elles sont affligées, et ren-
drait le clergé responsable de tous les
maux que l'ignorance amoncelle sur notre
patrie. Le christianisme est immuable
comme Dieu lui-même dont il émane, et
l'on doit, pour les intérêts de la société
française tout entière, actuellement libre,
et pour les intérêts du clergé lui-même,
lui demander la permission de voir le
flambeau des Écritures. Le clergé romain
est trop faible aujourd'hui, même en le

supposant réuni au ministère protestant,
pour lutter contre ce chaos d'idées que
nous voyons s'épaissir chaque jour à la fa-
veur de la liberté romantique et théâtrale ;
il faut précieusement conserver les corporations chrétiennes, quelle que soit leur
dénomination ; il faut plus que jamais les
fortifier, mais il faut exiger d'elles qu'elles
nous fassent connaître l'histoire du christianisme. Or, celle-ci peut être professée
par des laïques, puisqu'elle ne touche point
à la conscience ; si le clergé romain est un
jour obligé de modifier ses doctrines, ce
sera sans doute parce qu'elles contrediront
cette histoire authentique ; dans ce cas, il
conservera tout ce que sa liturgie a d'important, mais il laissera peu à peu tomber
en désuétude ou rejettera sur des plans loin-
tains les cérémonies compliquées qui ont
empêché la religion catholique de péné-
trer dans les masses ; cette réforme, la
France l'exige ; elle l'obtiendra sans secousse, sans ébranler les fondements encore mal affermis de sa liberté et sans
blesser la conscience des fidèles ; elle se

fera en respectant toute la partie vénérable du clergé français, plus nécessaire aujourd'hui que jamais. Celui qui cherche les moyens de préserver la France des guerres civiles ne peut donner le conseil d'essayer une réforme religieuse; il sait l'attachement des incrédules français, sinon à la religion elle-même, du moins au mot catholique : abandonner ce mot est pour eux un parjure, un déshonneur, un crime; un honnête homme, disent-ils, ne change point de religion; tel est le langage de nos sceptiques les plus intraitables, de ceux qui ont depuis longtemps déserté les autels, et qui se croiraient compromis aux yeux de leurs camarades s'ils remplissaient les obligations qu'impose l'Église romaine. Un point d'honneur les attache à la religion de leurs pères, en sorte que leur conseiller une réforme religieuse est une chose au moins scandaleuse; elle serait d'ailleurs inutile, car ils ne seraient pas moins philosophes dans leur communion nouvelle que dans celle qu'ils auraient quittée : conseiller une réforme à un fanatique est plus

inutile encore; en conséquence, nous dirons à tous en même temps : « Restez
« attachés aux communions qui vous ont
« vu naître. »

Mais nous dirons aussi à toutes les communions chrétiennes : « Rien ne peut vous
« dispenser d'étudier l'histoire du christia-
« nisme; votre devoir de citoyen français
« l'exige. Vous devez écouter les discus-
« sions approfondies qui ont été écrites sur
« un sujet aussi solennel, d'une utilité aussi
« dominante et qui intéresse si vivement
« votre liberté constitutionnelle, c'est-à-
« dire votre gloire. Vous devez écouter,
« comme des juges assis à l'audience, la
« lecture des pièces qui établissent l'au-
« thenticité des Écritures; vous vous assié-
« rez à ce tribunal avec l'esprit d'équité
« qu'on demande à des magistrats inté-
« gres, avec l'impartialité qu'un jugement
« de vie ou de mort exige de vous, car
« c'est un arrêt de vie ou de mort que
« vous allez rendre pour vous, pour vos
« familles, pour votre patrie; et selon que
« vous aurez jugé les pages du volume sa-

« cré inventées ou authentiques, vous au-
« rez déclaré la France déchue de ses droits
« à la liberté, ou inscrite pour toujours au
« rang des nations indépendantes. »

Une fois l'histoire de la religion bien connue en France, l'Église romaine, aujourd'hui abandonnée des neuf dixièmes de la population, va renaître et voir accourir au pied de ses autels une partie de ceux qui les ont désertés. Les concessions qu'on lui demande se réduisent à une seule : la permission d'ouvrir le volume sacré dans les familles. On dira peut-être que c'est conseiller une réforme ; oui, sans doute, et une réforme sans laquelle l'existence du clergé romain va tout à l'heure être plus que jamais compromise en France ; disons même que le clergé instruit s'avance vers cette réforme qu'on lui demande ; mais sa marche est trop lente ; c'est un mouvement plus rapide qu'on exige : il faut le lui imprimer dans ses intérêts mêmes, et pour l'empêcher de s'écrouler au détriment de la société tout entière.

Si l'on compte dans la population française le nombre des catholiques qui ac-
complissent aujourd'hui, dans leur totalité, les obligations qu'impose l'Église romaine, et si on le compare au nombre
total des fidèles inscrits sous sa bannière,
on peut affirmer qu'à peine un dixième de
notre population, et un millième au plus
de nos armées de terre et de mer a le droit
de se dire totalement catholique. Il semble cependant que celui-là cesse d'apparte-
nir à une communion qui en décline les
obligations principales. S'il repousse de
fait les dogmes principaux qui séparent
son Église des autres communions, sa religion n'est plus que nominale; c'est-à-dire
entièrement nulle : il est philosophe et rien
de plus; il a déserté le christianisme.

Tout va changer, lorsque ce fidèle infi-
dèle aura compris le livre adopté par son
Église, ce livre d'or que les historiens et
les apôtres du Christ ont légué à l'univers. Ce livre reconnu par la communion
qui fut celle de ses pères, il le lira aussitôt
qu'il l'aura entendu lire et discuter; il le

2

lira comme un monument historique dont
l'autorité est immuable, dont l'authenticité
est victorieusement démontrée et reconnue aujourd'hui par des millions d'hommes instruits; il trouvera toujours, sinon
dans sa paroisse, du moins dans quelques-
unes des paroisses voisines, un vénérable
ecclésiastique qui voudra bien l'autoriser
à faire cette lecture. Cette concession ob-
tenue, l'Église romaine est rajeunie et res-
taurée; et, sur les nombreux millions de
fidèles qui l'ont désertée en France, vous
en verrez au moins revenir quelques-uns
au pied des autels, parce qu'ils seront sûrs
de n'y trouver plus ni l'absurde fanatisme,
ni l'aveugle intolérance qui les ont effarou-
chés, ni les puérilités sans nombre qui ont
couvert d'un nuage impénétrable les savantes doctrines des livres sacrés.

Il y a dans l'étude de la religion deux
choses distinctes: je dirai même essentiel-
lement différentes; l'une qui tient à l'histoire seulement, et dont l'enseignement
est permis aux laïques; l'autre qui, péné-
trant dans la région spirituelle, comprend

les dogmes et n'appartient qu'aux hommes
spécialement institués pour les expliquer.
La première est du domaine de la raison
seule ; la seconde, s'élevant hors des ré-
gions de l'intelligence humaine, explique
les révélations que Dieu a faites à la terre.
Cette dernière est l'apanage exclusif des
prêtres et des ministres. L'école que nous
demandons promet de ne toucher à aucune partie de cet immense domaine ; elle
reconnaît la nécessité indispensable des
dogmes pour donner la vie aux préceptes
du christianisme qui, sans eux, ne seraient
qu'un stérile assemblage de maximes savantes ; une machine ingénieuse, mais d'une
inutile complication ; une charte d'un mérite suprême, mais à laquelle nul ne vou-
drait se soumettre ; ce serait le cadavre
glacé d'une beauté jeune et charmante, dont
les proportions sont parfaites, dont les
traits respirent encore la noblesse et la sé-
rénité, mais qui n'offre aux yeux attristés
que l'image de ce qu'elle pourrait être, si
Dieu consentait à lui rendre l'existence.

L'institution que nous demandons à la

France, par l'organe de ses représentants,
refuse de s'immiscer en rien dans la partie
dogmatique du christianisme; elle n'enseigne que l'histoire, et rien de plus. La France
a besoin d'un corps spécial d'instituteurs
laïques qui terrasse ses doutes historiques, et qui dissipe les vapeurs dangereuses que l'idéologie humaine a si péniblement amassées autour du berceau de
l'auguste religion chrétienne. Vainement,
jusqu'ici, on a tenté d'éclaircir ces épais
nuages sortis des infirmités de notre intelligence; heureux, et trois fois heureux
le jour où les rayons vivifiants de cet as-
tre consolateur viendront féconder aussi le
sol de notre belle patrie.

C'est pour dissiper ces vapeurs nées de
la faiblesse intellectuelle de l'homme, que
nous demandons une école normale, d'où
sortiront les professeurs qui seront chargés d'enseigner l'histoire du christianisme.
Elle devra discuter devant toute la population française, comme l'ont fait déjà,
mais trop rarement, nombre d'ecclésiastiques instruits, les puériles objections que

l'on a élevées devant le monument immortel connu sous le nom de volume sacré. Nous proposons de faire faire par des laïques ce que de respectables ecclésiastiques n'ont pu faire. Nous ne voulons, pour ainsi dire, rien changer à la marche qu'ils ont suivie; mais, à cause des besoins pressants de la France, nous demandons qu'on vienne au secours de leur faiblesse, et qu'on fasse *mille* fois, ou plutôt un *million* de fois, ce qu'ils ont fait une fois.

Ces professeurs auront un domaine plus vaste qu'on ne pourrait d'abord le croire; et ici, pour ne pas être accusé de proposer des innovations religieuses ou des envahissements sur l'autorité sacerdotale, nous ferons remarquer l'importance de l'histoire sur un seul fait que nous choisirons exprès, afin de démontrer l'utilité de notre institution : c'est celui de la résurrection du Christ, considéré comme fait historique seulement, et abstraction faite de tout raisonnement sur l'immortalité de l'âme, sur la possibilité ou sur l'impossibilité d'une résurrection.

« Est-il vrai que les auteurs contempo-
« rains des apôtres ou de la génération qui
« a succédé aux apôtres, que tous les écrits
« vrais ou supposés pour ou contre le chris-
« tianisme depuis les apôtres, s'accordent
« à représenter la résurrection du Christ
« comme une partie de son histoire reçue
« sans aucun doute, sans aucune contra-
« diction, par tous ceux qui ont porté le
« nom de chrétiens? Est-il vrai qu'elle ait
« été annoncée dès le commencement par
« les apôtres, de manière que toutes les
« épîtres et les épîtres de tous les apôtres
« ont été unanimement reçues par tous les
« historiens qui les ont suivis, sans qu'il se
« soit élevé aucune contradiction de la part
« des contemporains adversaires du chris-
« tianisme? » Voilà un fait d'histoire; il
sera du domaine de l'école normale; elle
pourra aussi passer en revue ceux des modernes qui, après des études assidues et
des méditations profondes, ont donné leur
adhésion à la vérité de l'histoire chrétienne
et reconnu l'authenticité des Écritures.
Rien ici n'attaque les dogmes religieux; les

faits historiques sont communs à toutes les Églises qui portent le drapeau du christianisme. Ces faits doivent être connus de toutes les communions, quelles que soient les nuances qui les séparent dans l'interprétation des dogmes.

Des laïques seront écoutés plus favorablement sur l'histoire du christianisme que des prêtres ou des ministres protestants, par cela même qu'ils sont étrangers au sacerdoce ou au ministère. Quelque vénérable que soit un bon curé de campagne, il n'est pas libre de dire ce qu'il veut et comme il le veut. Ses paroissiens lui font quelquefois l'injure de croire qu'il sacrifie jusqu'à ses opinions privées à son intérêt privé; ils le soupçonneraient peut-être aussi de ne point garder dans une discussion historique sur le christianisme une impartialité absolue; le laïque, par cela seul qu'il se déclare nul dans la question de suprématie dogmatique, sera écouté, à mérite égal, plus favorablement que son respectable collaborateur. Au reste, rien dans l'institution que l'on propose ne tend

à rejeter ici les services du clergé français ;
nous le regarderons comme un corps auxiliaire prêtant son appui, pour l'enseignement de l'histoire, à l'institut que nous demandons. Nous croyons cet institut plutôt
propre à augmenter l'influence du clergé
qu'à l'affaiblir ; car sa prépondérance est af-
faiblie en France plus que jamais, et jamais cependant elle ne nous a été plus nécessaire.

Mais encore une fois, dira-t-on, c'est
une réforme que vous proposez. Une réforme ? oui, sans doute : je désire, je l'a-
voue, une grande réforme dans l'ignorance
profonde de l'histoire chrétienne où je vois
aujourd'hui plongés tous mes légers compatriotes. Les pasteurs de l'Église réformée
pourraient m'accuser, au contraire, de
prendre ici les intérêts de l'Église romaine.
« Ne voyez-vous pas, pourraient-ils dire,
« que la France ne peut, comme l'Amé-
« rique, l'Angleterre, la Suisse, la Hol-
« lande, échapper à une réforme reli-
« gieuse ? » Oui, répondrai-je ; mais cette
réforme aura-t-elle lieu sans une guerre

civile ; sans développer des haines, des ani-
mosités violentes entre les familles? Le
besoin pressant de la France, si elle veut
échapper à un grand naufrage politique,
est aujourd'hui d'étudier le christianisme;
elle peut, elle doit faire cette réforme sans
ébranlement, sans secousse, avec calme,
afin de ne pas allumer ces feux souterrains
dont l'éruption lui serait fatale. La France
doit conserver avec soin tous ses établis-
sements religieux, et les améliorer sans les
détruire; elle y parviendra par la lecture
assidue des livres sacrés. Cette lecture doit
être faite dans toutes les familles et tous
les jours, avec ou sans la permission des
prêtres et des pasteurs. Les apôtres et les
historiens du Christ n'ont rien dit de dan-
gereux pour les sociétés humaines; mais,
au contraire, ils ont eux seuls posé les fondements de la civilisation. Le peuple fran-
cais veut les connaître; il veut en même
temps la conservation d'un pouvoir jadis
oppresseur, mais qui aujourd'hui, sous
l'œil investigateur d'une population libre
et éclairée, ne pourra plus faire que du

bien. La France est aujourd'hui si riche en philosophes des deux sexes, que toutes les communions chrétiennes, fussent-elles étroitement unies pour les combattre, seraient encore trop faibles contre un ennemi si nombreux et si formidable. Si l'on compte aujourd'hui le nombre de nos sceptiques dans nos villes et dans nos campagnes, dans nos armées de terre et de mer, on jugera que les efforts réunis des deux communions, l'une romaine, l'autre réformée, seront encore mille fois, ou plutôt cent mille fois trop faibles pour lutter contre ce torrent d'erreurs humaines qui s'avance pour engloutir la liberté.

Laissez donc venir une institution qui soit commune à toutes les Églises chrétiennes; faites naître une corporation savante qui enseigne l'histoire pure et simple du christianisme. Ce cours d'histoire ne vaincra pas d'ici à quelques années la totalité de l'armée philosophique en France; mais lorsque cette institution nouvelle aura donné des preuves de l'authenticité des Écritures, elle aura fait ce que toutes les corporations chrétiennes ont inutilement essayé de faire jusqu'à ce jour ; elle doit être occupée tous les jours de ce soin ; elle doit l'être à toute heure du jour jusqu'à ce que le scepticisme soit vaincu en France, et peut-être ne le sera-t-il pas complétement d'ici à cinquante ans.

Livrons-nous donc en famille, non pas à la recherche des moyens d'effectuer une réforme dans le sens où ce mot est ordinairement compris, mais une réforme dans l'ignorance historique de nos spirituels compatriotes ; invitons-les, non pas à quitter les communions qui leur sont chères ou qui le sont à leurs familles, mais à prendre connaissance de l'histoire du christianisme ; qu'ils s'assurent de l'authenticité des pièces qui seront mises sous leurs yeux, et qu'enfin ils cessent de regarder comme une fable l'histoire qui nous a été laissée sous le nom d'Évangiles, ainsi que les Épîtres des apôtres.

Nous ne pouvons passer ici sous silence un moyen que nous croyons neuf et puissant pour accélérer la réforme d'ignorance que nous demandons ; c'est celui que nous avons déjà essayé de rendre sensible de diverses manières, mais surtout par des essais en chiffres, pour démontrer une vérité importante qu'Euler et Pascal ont reconnue, mais qu'ils n'ont peut-être pas exposée d'une manière assez développée, savoir que l'intelligence de l'homme a des limites étroites au delà desquelles tout lui échappe. L'intelligence peut trouver des méthodes pour mieux raisonner qui, semblables au télescope dont se sert l'œil pour mieux voir, ont été inventées, il est vrai, par l'intelligence de l'homme, mais qui ne lui prêtent qu'une force artificielle, étrangère à cette intelligence, de telle manière que, sans ces méthodes, il est arrêté subitement devant la plus légère difficulté mathématique, de même que l'œil, lorsqu'on lui retire l'instrument qui avait paru le fortifier, revient à sa faiblesse naturelle. A l'aide des méthodes ingénieuses du calcul, l'homme peut découvrir des vérités physiques et mathématiques qui, sans elles, ne seraient jamais entrées dans son esprit. Ces méthodes sont

exclues des sciences morales et politiques,
de l'éloquence, de la philosophie, de tout
ce qui tient au monde invisible, et voilà
pourquoi elles ne sont pas aujourd'hui plus
avancées pour ceux qui nient la révélation
que dans les siècles depuis longtemps écou-
lés; tandis que, dans les sciences exactes,
les méthodes de calcul récemment décou-
vertes ont prêté leurs ailes à l'intelligence de
l'homme, et lui ont permis d'explorer les ré-
gions de la physique et de la mécanique céleste; l'esprit qui s'arrête impuissant devant
la plus simple difficulté mathématique est
donc reconnu inhabile à juger les secrets
du monde invisible et les limites de la puissance divine; il est forcé d'abaisser ici son
puéril orgueil, et de se reconnaître incapable de décider de ce que peut cet immense pouvoir, et de ce qu'il ne peut pas.
En conséquence, le chrétien doit, pour ces
questions importantes et inaccessibles à
son intelligence, s'en rapporter aux témoignages de l'histoire : ainsi, par exemple
(car il faut, dans une discussion, échapper
le plus qu'il est possible aux généralités,

afin de rendre la vérité plus sensible), l'histoire atteste-t-elle que la résurrection du Christ était crue par tous les historiens contemporains du Christ et par leurs successeurs immédiats? Ici, l'esprit humain est appelé à juger la déposition des témoins ou des écrivains du premier et du second siècle de l'ère chrétienne; l'homme va juger ses semblables ; il sait ce dont ils sont capables; il les connaît sujets à l'erreur et au mensonge : il sait quels motifs les portent à mentir ; le juge va écouter des témoins dont il connaît les passions ; il entendra le récit des événements, c'est-à-dire leurs dépositions, et il jugera ces événements par le détail qui les accompagne ; si les dépositions sont fidèles, elles devront être vérifiées par les écrits des autres témoins étrangers au christianisme qui ont écrit à la même époque; il faut entendre les uns et les autres : voilà les conférences que nous voulons ouvrir.

Quant à juger de la possibilité créatrice de celui qui a déjà créé l'univers, nous nous reconnaissons ici juges incompétents, parce

que nous savons, une fois pour toutes, que
notre vue intellectuelle est bornée, de sorte
que si nous ne sommes pas tout à fait aveu-
gles pour ce qui se passe dans le cercle étroit
de nos intérêts mondains, nous le sommes
hors de ces limites; nous pourrions dire
que celui qui nous a donné une première
fois la vie, peut sans doute nous la donner
une seconde fois; que celui qui a créé la
voie lactée et qui en même temps a veillé
sur l'organisation d'une mouche et d'une
fourmi, de manière à donner à l'une et à
l'autre des organes parfaitement assortis à
leurs besoins, a certes un immense pouvoir. Cependant nous n'aborderons point
ici la question de l'immortalité de l'âme,
vu la faiblesse trop évidente de notre entendement, dont nous connaissons aujour-
d'hui les limites étroites; nous ne nous en
rapporterons point à l'analogie pour décider la question d'une seconde existence
sous une forme nouvelle, quoique nous y
soyons peut-être autorisé par celle du ver
qui, après s'être enveloppé de sa coque de
soie comme d'un linceul, reparaît sous une

forme tout à fait différente quelques mois après sa mort; nous renonçons à tous ces moyens usés de nous convaincre de la possibilité d'une résurrection; mais en même temps que nous reconnaissons notre impuissance pour juger la question affirmativement, nous la reconnaissons aussi pour la juger négativement; c'est-à-dire que nous ne refuserons plus au Créateur le pouvoir de créer; nous gardons une exacte, une impartiale neutralité entre les deux camps opposés, tous deux composés d'hommes très-savants et très-lettrés, qui ont affirmé deux choses diamétralement opposées, savoir l'existence future et l'anéantissement futur, de sorte que nous pouvons déjà tirer du conflit de leurs opinions cette conclusion consolante : que l'homme le plus éclairé par l'étude se trompe nécessairement lorsqu'il juge de la possibilité ou de l'impossibilité des miracles, et qu'en conséquence il ne faut point s'en rapporter à ses raisonnements pour décider cette question de vie ou de mort, la plus importante qui fut et qui sera jamais; nous savions déjà, par une expérience facile à faire, que l'homme ne peut effectuer seul et sans le secours de ses mains la plus simple des opérations que les méthodes ingénieuses du calcul résolvent tous les jours; nous le voyons arrêté devant la plus facile des multiplications arithmétiques comme devant un mur d'airain aussitôt qu'on lui défend d'employer d'autres moyens que ceux de son intelligence, c'est-à-dire lorsqu'on le veut forcer de renoncer au secours de ses yeux et de ses mains. Cette expérience décisive, qui marque les limites étroites de notre intelligence, vient expliquer les décisions contradictoires de la philosophie et confirme cette vérité fondamentale, qui explique les mystères du christianisme, savoir que l'homme n'est pas juge de leur possibilité ou de leur impossibilité, parce que l'entendement a des bornes étroites comme la vue; qu'il n'étend sa vue intellectuelle qu'à des limites bornées, et qu'au delà de ces limites il ne peut plus affirmer rien que sur des témoignages, c'est-à-dire sur ce qu'ont vu et entendu d'autres êtres bornés comme lui.

C'est aussi ce qu'on demande à l'école normale; c'est de s'abstenir de toutes les discussions philosophiques, vu les contradictions sans nombre qui les accusent toutes ensemble de faiblesse; on lui demande de discuter des témoignages humains rendus sur des faits qui ont été vus, entendus, touchés; de ne croire que l'œil, l'oreille, le tact de ceux qui étaient présents, et de s'assurer en même temps de la validité de leurs témoignages; d'examiner s'il est vrai (car il faut toujours, nous le répétons, sortir des abstractions, afin de rendre les raisonnements plus sensibles), s'il est vrai que le Christ a été vu après sa mort, non pas seulement par une personne, mais par plusieurs; si ceux qui l'ont vu étaient séparés les uns des autres ou réunis ensemble; s'ils l'ont vu non-seulement de nuit, mais aussi de jour; non pas seulement de loin, mais aussi de près; non pas une fois, mais plusieurs fois; s'ils l'ont non-seulement vu, mais touché; s'ils ont conversé avec lui,

mangé avec lui; s'ils ont examiné sa personne pour dissiper leurs doutes; s'il est
vrai que la résurrection du Christ vraie
ou fausse ait été affirmée par ses disciples
dès le commencement[1], et s'il est vrai aussi
qu'on n'ait jamais produit son corps mort
en public, ce qui eût arrêté subitement le
christianisme dans son essor ; si trente
ans après la mort du Christ, Rome, sous
l'empereur Néron, comptait déjà dans ses
murs un grand nombre de chrétiens; si,
soixante-dix ans après, sous le règne de
Trajan, ils étaient déjà répandus sur les
bords de la mer de Marmara et de la mer
Noire en si grand nombre qu'ils faisaient
déserter les temples du paganisme; si les
hommes qui ont déclaré avoir été les témoins de sa résurrection, ont passé leur vie
dans les travaux, dans les dangers, dans
les souffrances pour affirmer ce fait et
plusieurs autres semblables; s'ils ont suivi
de nouvelles règles de conduite; s'ils ont
été imités par des multitudes de familles

---

[1] William Paley, tome II, pages 197 et 198.

qui ont affronté les supplices les plus douloureux pour soutenir les mêmes vérités; s'il est vrai que des auteurs païens aient parlé de ces événements, ce qu'ils en ont dit, etc., etc.

Ces discussions appartiennent à toutes les communions du christianisme; elles roulent sur des faits purement historiques; elles pourront être exposées ou lues par les élèves de la nouvelle école normale, ainsi qu'une foule de vérités importantes qui demeurent étrangères aux dogmes religieux, et qui, en conséquence, ne portent aucun trouble dans la conscience des fidèles, et ne peuvent être blâmées ni par l'Église catholique ni par l'Église réformée.

L'école normale pourra faire comprendre à toute la France l'opinion de Montesquieu sur le mérite des Évangiles, considérés sous le rapport seulement de leurs richesses législatives. L'auteur de l'*Esprit des lois* déclare que les principes du christianisme, bien gravés dans les cœurs, seraient infiniment plus forts pour nous faire remplir nos devoirs que le faux honneur des monarchies, les vertus humaines des républiques et la crainte servile des États despotiques. Cette opinion, partagée aujourd'hui par les hommes d'État des nations qui ont été libres avant la France, devra être mise en lumière devant toutes les autorités administratives et militaires de la France, dans toutes nos villes, et portée, s'il est possible, jusqu'aux plus petits de nos hameaux, afin de former l'opinion publique et de lui donner cette unité, qui seule fait la force des États. L'école normale devra s'efforcer de rendre ces vérités sensibles, et de les mettre à portée de toutes les conditions sociales, soit par des moyens tirés du dessin géographique, soit par des lectures adroitement combinées, courtes, intéressantes, lumineuses ; ses travaux consisteront surtout à trouver des méthodes ingénieuses pour rendre accessibles aux esprits peu cultivés ce que les Newton, les Montesquieu, les Locke, les Bacon, les Pascal et tant d'autres esprits développés ont enfin réussi à comprendre après d'opiniâtres méditations.

De ces conférences sortiront ces importantes vérités, que les Évangiles seuls contiennent tous les éléments de la liberté des nations, de leur prospérité agricole et commerciale; tous les principes de l'économie politique et de la haute diplomatie, en un mot de toutes les transactions humaines; que lui seul développe les facultés morales, physiques et intellectuelles des sociétés humaines, et les préserve du fléau des guerres civiles et des guerres extérieures; qu'en faisant un seul corps de tous les sujets d'une nation libre, il donne à cette nation toute la force dont elle est susceptible pour se défendre, et autant d'alliés qu'elle a de voisins; que lui seul corrige l'intempérance et porte secours à toutes les conditions qu'afflige l'indigence avec les sommes inutilement gaspillées par le luxe; qu'enfin les leçons savantes du Christ et de ses apôtres sont les seules qui résistent aux objections des hommes

d'État, tandis que tous les systèmes légis-
latifs qui s'écartent de ces instructions sou-
veraines sont d'autant plus défectueux
qu'ils s'en écartent davantage.

Ces études préparatoires formeront peu
à peu l'opinion publique; elles rayonne-
ront ainsi les principes savants des Écritures avant les dogmes; ceux-ci trouveront
alors un fondement qu'ils n'ont pas eu jusqu'à ce jour, et les Églises diverses qui
sont groupées autour du même livre, qui
toutes reconnaissent le même livre, qui
toutes sont soumises au même livre, pourront l'enseigner avec fruit en interprétant,
chacune à sa manière, quelques-unes des
lignes de ce volumineux ouvrage. La
seule chose importante, c'est de vaincre
l'indifférence religieuse; c'est que chaque
famille s'attache à la communion qu'elle
a choisie, et qu'elle reconnaisse comme
authentique le livre sacré sur lequel sont
appuyées toutes les communions chrétiennes; il faut que ce livre soit lu dans
toutes les familles, qu'il soit lu chaque
jour, ne fût-ce que pendant quelques mi-

nutes. Rien ensuite ne doit détacher un fidèle de la communion que sa conscience lui indique ; il ne doit rien faire qui puisse donner du scandale, c'est-à-dire qu'il ne doit point passer de la communion où il est né à une autre communion, lorsque l'opinion de ses parents ou de ses compatriotes est blessée par cette détermination.

Il semble que cette instruction, loin de nuire à la religion catholique aujourd'hui abandonnée en France, ne fera que ranimer le zèle de ceux qui veulent y rester attachés ; ces discussions demanderont, il est vrai, des études fatigantes ; mais ceux qui s'intéressent aux destinées de leurs familles et de leur patrie ne feront-ils pas le sacrifice de quelques-uns de leurs moments perdus pour venir quelquefois le soir, après l'heure des repas, au milieu d'un beau salon littéraire où la musique ne sera point défendue, orné de toutes les cartes, de toutes les gravures, de tous les ouvrages qui peuvent éclaircir leurs doutes et rendre la vérité sensible ? S'ils trouvent dans ce beau salon des employés instruits qui s'empresseront de leur donner toutes les explications dont ils auront besoin (sur l'histoire seulement), nous voulons croire que plusieurs de nos sceptiques français feront à ces salons populaires le sacrifice de quelques-uns de leurs moments perdus, surtout quand ils auront acquis la certitude de rendre ainsi d'importants services à leur patrie.

Ces salons littéraires nous paraissent mériter la sollicitude des Chambres et l'approbation de l'opinion publique. Le peuple français comprendra la nécessité de grouper les doctrines politiques en un seul faisceau, dirigé par la main d'un monarque loyal. Or, les doctrines reconnues aujourd'hui pour les plus savantes en politique, sont toutes puisées dans les institutions chrétiennes, tandis que les ignobles spéculations de l'idéologue Machiavel sont mises au rebut comme ces vieux fusils rouillés qui éclatent dans la main de celui qui s'en sert pour tuer les passants au coin d'un bois.

Pour simplifier le mécanisme de cette

institution nous proposons les dispositions suivantes :

Toutes les communes de France feront l'achat de quelques-uns des meilleurs ouvrages qui traitent de l'histoire du christianisme. On en a composé un si grand nombre, que l'on n'éprouve, pour ainsi dire, que l'embarras du choix; celui de l'évêque Duvoisin, baron de l'Empire, intitulé : *Démonstration évangélique*, est un des meilleurs. La lecture de cet ouvrage ne peut être condamnée par aucun des membres du clergé catholique : il en sera de même de tous les ouvrages semblables qui, sans aborder la discussion des suprématies dogmatiques, se bornent à étudier l'histoire du christianisme, et qui reconnaissent que la morale et les espérances de toutes les sociétés chrétiennes ont les mêmes fondements, et sont à peu près identiques. Tel est l'ouvrage de William Paley, qui offre le tableau des preuves évidentes du christianisme. La lecture de ces deux ouvrages suffit déjà pour occuper les séances des académies que nous demandons dans

l'intérêt du peuple français, et pour rec-
tifier les idées fausses et dangereuses qu'il
a reçues par contre-coup des livres philosophiques. Une centaine de francs par
commune suffira pour acheter les meilleurs de ces ouvrages.

Dans les communes où se trouvent quelques jeunes gens instruits, peut-être l'un
d'eux voudra-t-il consacrer quelques heures de son loisir à étudier les preuves historiques principales qui établissent l'authenticité des Écritures et à les répandre
autour de lui sans ébranler, mais au contraire en affermissant la foi des familles et
en s'abstenant d'ailleurs de mêler ses opinions dogmatiques à celles de l'Église. Les
familles de chaque commune continue-
ront de s'adresser, pour l'explication des
dogmes, à un ecclésiastique vénérable ; il
y en a heureusement en France un nombre, je ne dirai pas aussi grand qu'il de-
vrait l'être, mais suffisant pour donner de
loyales explications. Ces dispositions pre-
mières forceront le clergé à s'instruire et à
rejeter de sa corporation tout ce qui est

indigne de s'y trouver ; c'est là peut-être le grand résultat que la France doit obtenir de sa liberté constitutionnelle. Ce n'est pas de renverser les autels comme en 93, mais au contraire de les affermir, en contraignant les prêtres, par la force irrésistible de l'opinion publique, à rejeter de leurs institutions tout ce qui n'est pas ou assez éclairé, ou assez distingué pour y être admis. Il faut lui donner le temps d'opérer ces mutations, c'est-à-dire quelques dizaines d'années.

Les communes assigneront quelques fonds annuels pour l'accroissement de cette petite bibliothèque, qui sera ouverte à toute heure du jour, surtout le soir après l'heure des travaux. A défaut d'instituteur spécial, l'un des hommes instruits de la commune sera invité à présider quelquefois ce petit salon populaire, pour y lire quelques passages des bons ouvrages sur l'histoire du christianisme ; s'abstenant, nous le répétons, de donner son avis sur les dogmes, et surtout d'ébranler la confiance qu'on y peut avoir.

Nos respectables curés de campagne s'empresseront sans doute de venir à ces assemblées édifiantes et préparatoires qui auront deux objets distincts; l'un d'éclairer le fidèle, et l'autre d'obliger le prêtre à ne point égarer son troupeau hors des routes que le Christ lui-même a ouvertes. Le troupeau conservera son guide, mais ce guide suivra la route déjà ouverte par d'honorables ecclésiastiques français, qui veulent aujourd'hui qu'on lise sous leur direction les divines pages de l'histoire du Christ et les leçons savantes des apôtres. Le problème que l'on s'est proposé de résoudre est celui de prévenir les ravages d'une guerre civile en France : il demande que l'on conserve tout le clergé vénérable, et qu'on change, non pas la communion romaine, mais la partie du clergé qui, par défaut de lumières ou par tout autre motif, ne peut ou ne veut pas mettre le christianisme en lumière; et comme il faut d'ailleurs ne rien ébranler, ne rien déplacer, et suppléer la faiblesse de quelques membres de ce grand corps, l'institution laïque lui prêtera son ministère, et, marchant dans la ligne tracée par les ecclésiastiques éclairés de la France, elle suppléera, pour l'histoire du christianisme, la partie du clergé incapable ou inerte, en attendant qu'il soit permis de remplacer les plus anciens par des ecclésiastiques éclairés et vertueux.

L'autorité pontificale, si elle voit ces dispositions se manifester dans les contrées récemment affranchies, voudra sans doute y coopérer à sa manière et prendre l'initiative, afin de suivre le flot irrésistible de l'opinion publique dans les nations libres.

Dans les grandes villes, les cabinets littéraires ou bibliothèques dépendantes de l'institution laïque que nous demandons, pourront être plus riches d'ouvrages, de cartes, de gravures, de feuilles périodiques; elles ne manqueront point de lecteurs ou d'hommes instruits qui voudront offrir leurs lumières pour ces discussions historiques.

L'école normale, dont nous allons parler très-sommairement, ne sera donc que

pour donner des instituteurs et pour orga-
niser, comme d'un point central, ces académies populaires. Là, pourront être pla-
cés tous les jeunes gens aujourd'hui errants
et désœuvrés faute d'emploi, et qui d'ailleurs ont fait de bonnes études. Une année
passée à l'école normale, ou même un examen subi à cette école d'après un pro-
gramme donné par elle, suffira pour les
mettre à même d'occuper dans nos armées
de terre et de mer des emplois importants
qui les assimileront à des officiers; ils seront chargés de surveiller, dans les écoles
régimentaires, l'instruction historique de
nos sous-officiers et de nos soldats; de leur
faire connaître les événements qui ont pré-
cédé, accompagné et suivi l'apparition du
christianisme dans le monde, ses avantages
pour la conservation de la liberté et pour
la prospérité de la France.

Dans les grandes villes, on expliquera
les coïncidences que des savants laborieux
ont eu la patience de réunir pour faire res-
sortir la bonne foi et l'exactitude scrupu-

leuse des écrivains sacrés. La vérité historique jaillit de la conformité des événements écrits en style tout à fait débonnaire dans le Nouveau Testament, avec ceux qu'ont rapportés d'autres historiens ennemis du christianisme. Si nos Français trouvent dans ces salons littéraires le moyen de compléter leur instruction sur l'histoire, s'ils entendent chaque jour, quand ils le voudront, et pendant quinze à vingt minutes au plus, la lecture d'un passage d'histoire propre à lever quelques-uns de leurs doutes, il semble que ces dispositions n'ont rien d'hostile contre la communion romaine; elles pourront obliger le clergé, considéré comme un grand fleuve, à rentrer dans le lit que le Christ a creusé lui-même, mais elles n'en doivent pas arrêter le cours.

La France, qui ne craint plus aujourd'hui l'intolérance du clergé catholique, parce qu'elle est libre, a besoin de lui pour vaincre le scepticisme religieux et pour détruire le despotisme de l'idéologie qui menace à son tour de tout subjuguer, en commençant par la liberté. Il faut, pour renverser les erreurs dont nous sommes affligés, non-seulement le concours de toutes les communions chrétiennes, mais en outre un corps auxiliaire tout neuf, nombreux, plein de vigueur, qui dissipe les nuages que la philosophie a depuis si long-temps amoncelés autour de l'histoire du Christ; il faut une école savante, exclusivement chargée, non-seulement de faire comprendre à toute la France les richesses temporelles du christianisme, mais aussi la supériorité de ses principes politiques et administratifs sur tous les systèmes éclos du cerveau de nos législateurs humains. Cette école, sans emprunter l'autorité des miracles, devra démontrer la source divine du christianisme par l'incomparable supériorité de ses instructions sur les stériles combinaisons de nos législateurs les plus renommés, et par la richesse temporelle qu'elle doit verser sur toutes les nations; elle opposera la vive lumière des livres sacrés aux obscures contradictions des législateurs et des philosophes anciens et modernes ; et posant ainsi nos institutions chancelantes, sur une base solide, immuable, éternelle comme Dieu lui-même, elle réussira peut-être enfin à dompter l'hydre de l'erreur, sans porter le trouble dans l'instinct divin de la conscience.

www.ingramcontent.com/pod-product-compliance
Lightning Source LLC
Chambersburg PA
CBHW061300050726
47594CB00004B/1562